Made in the USA
Las Vegas, NV
28 October 2020

10382682R00063